DÉNONCIATION

CONTRE

M. LE COMTE DE PEYRONNET,

EX-GARDE-DES-SCEAUX, MINISTRE DE LA JUSTICE,

ET CONTRE

M. LE MARQUIS DE CLERMONT-TONNERRE,

ANCIEN MINISTRE DE LA MARINE ET DES COLONIES,

Pour détention prolongée pendant plus de vingt mois, par suite de rétention frauduleuse et de mauvaise foi, de pièces à eux adressées par MM. Bissette, Fabien et Volny, hommes de couleur de la Martinique, pour être transmises à la Cour de cassation.

PARIS,

IMPRIMERIE DE E. DUVERGER,

RUE DE VERNEUIL, N° 4.

1829.

A LA

CHAMBRE DES DÉPUTÉS DES DÉPARTEMENS.

MESSIEURS ET TRÈS HONORABLES DÉPUTÉS,

NOUS venons, conformément au droit qui nous est garanti par l'article 31 de la loi du 27 avril 1791, non abrogé en cette partie par les articles 55 et 56 de la Charte, confirmé au contraire par son article 68, provoquer de la Chambre le décret d'accusation nécessaire à l'exercice de notre action contre M. le comte de Peyronnet, ex-garde-des-sceaux de France, et contre son collègue, le marquis de Clermont-Tonnerre, ex-ministre de la marine et des colonies.

Notre supplique ne peut donc pas être confondue avec les pétitions ordinaires dont la Chambre est saisie.

Le récit abrégé des faits est nécessaire pour faire connaître à la Chambre d'où notre action dérive.

Habitans de la colonie de la Martinique, propriétaires et négocians, mais privés, nous et nos compatriotes (les hommes de couleur), des droits civils et de famille qui nous sont garantis par le Code Noir, charte des colonies, et qui nous ont été ravis par des réglemens locaux, non approuvés par le législateur de la métropole, nous avons réclamé les droits d'hommes libres; on a traité cette réclamation de conspiration contre l'ordre colonial, dans une proclamation séditieuse adressée au gouverneur par trois créoles commandans de paroisses. Deux cents de nos compatriotes ont été arrêtés par eux ou à leur réquisition, et *déportés sans jugement,* en vertu d'un acte du conseil privé, arraché par la terreur. Nous avons été nous-mêmes, comme les plus coupables, livrés aux tribunaux criminels avec cinq autres de nos compatriotes, et condamnés aux galères à perpétuité par arrêt du 12 janvier 1824. Cet arrêt, qui violait les formes protectrices de l'innocence, a été cassé le 30 septembre 1826. Depuis, la Cour de la Guadeloupe nous a déclarés innocens, ainsi que Volny, notre compagnon d'infortune, des crimes qui nous étaient imputés.

Nous avions formé un pourvoi en cassation contre l'arrêt du 12 janvier; on en a refusé acte dans la colonie. Nous avons été, aussitôt après la lecture de cet arrêt, marqués et flétris au pied de l'échafaud, malgré nos protestations et l'ordonnance royale de 1750, qui défend en pareil cas toute exécution.

Arrivés sur les côtes de France en avril 1824, nous avons adressé aux autorités administratives et judiciaires locales de nouvelles protestations et un recours en cassation. (Actes du 18 avril, répondus négativement par le commandant de la marine, le sous-préfet et le procureur du roi de Brest.)

Le 20 avril, nous avons formalisé un pourvoi en double expédition que nous avons adressé à M. Isambert, avocat aux conseils du roi et à la Cour de cassation. Celui-ci a adressé ces pièces, les 9 et 10 mai, au ministre de la marine et des colonies et au garde-des-sceaux de France, avec l'imprimé de l'arrêt de condamnation, en les accompagnant d'une requête. Il ne pouvait y joindre la procédure ; car, d'une part, elle n'est jamais expédiée aux condamnés, et, d'autre part, les réglemens des colonies veulent que les procédures soient adressées *d'office* au ministre de la marine. (Dépêche ministérielle du 26 avril 1755.)

Le ministre de la marine a reçu l'expédition officielle de l'arrêt de condamnation, puisqu'elle a été transmise plus tard à la Cour de cassation, légalisée à la date du 14 mai 1824 par M. Vauvilliers, secrétaire général.

Avertis des obstacles que nous allions éprouver, et aussitôt notre débarquement, nous avons fait (le 20 mai 1824) une déclaration itérative de pourvoi au greffe du tribunal de Brest. Cette pièce, transmise à Me Chauveau-Lagarde, a été par lui présentée avec une requête imprimée à la Cour de cassation ; mais l'*usage* établi à cette Cour est que le greffier ne peut recevoir aucun pourvoi des mains des parties *en matière criminelle*. Elle ne se reconnaît saisie que par l'envoi officiel du ministre de la justice. Nous l'avons cruellement éprouvé, puisque M. Chauveau-Lagarde a vainement insisté sur l'admission de sa requête en pourvoi, aux mois de mai et de juin 1824. Le président par intérim, M. Ollivier, s'est toujours refusé à sa réception.

L'art. 424 du Code d'instruction criminelle veut que la transmission des procédures criminelles soit faite au ministre de la justice, et par celui-ci à la Cour de cassation, dans les vingt-quatre heures de la réception.

On a dit à la Chambre des pairs, dans un rapport du 6 mai 1826, que le ministre de la marine est, à l'égard des colonies, ministre de la justice, et que c'est par lui *exclusivement* que la transmission devait être faite; que, par conséquent, c'est à lui seul que nous devions nous adresser. M. de Peyronnet, qui présenta cette excuse de sa conduite dans un mémoire à la Chambre des pairs, feignait d'ignorer que nous avions saisi le ministre de la marine (le 9 mai 1824), comme lui-même, le 10 du même mois. Il feignait d'ignorer que toujours les pièces des procédures criminelles étaient transmises par le ministère de la marine au ministère de la justice, et par le ministère de la justice à la Cour de cassation (1).

(1) On peut citer en preuve l'affaire Bascher de Boisgely, de la Guadeloupe, suivie d'arrêts d'apport de pièces de la Cour de cassation, des 27 octobre 1814 et 11 mai 1818; l'affaire Rollande, de la Martinique, 1824 et 1825; affaire Rougon, de la Guadeloupe, 1826; affaires de Louis-Auguste dit Coco, de Sommabert, de Fifi, de Ravend-Desforges, et en dernier l'af-

Sur qui, de M. le marquis de Clermont-Tonnerre ou de M. le comte de Peyronnet, doit retomber la responsabilité résultant tout à la fois et du défaut de transmission à la Cour de cassation des pièces étant en leur pouvoir au 10 mai 1824, et du défaut d'accusé de réception à notre défenseur, malgré la réquisition formelle contenue dans les demandes faites en notre nom (nous n'avons obtenu les accusés de réception produits avec la présente qu'en 1826)? N'est-ce pas sur tous les deux?

Toutefois, la justice nous oblige de dire que M. le comte de Peyronnet est le plus coupable, 1° parce que *la loi et l'usage* indiquaient quel était le fonctionnaire chargé de la transmission; 2° parce qu'à la date du 12 mai, notre défenseur lui adressa une seconde requête, dans laquelle il lui rappelait, d'un côté, qu'il n'était pas le juge de la légalité de notre pourvoi, d'autre part, que sa recevabilité par la Cour de cassation était jugée par deux arrêts intervenus depuis la restauration (27 octobre 1814 et 10 mai 1818); 3° et enfin parce que, non content de ne faire droit à aucune de ces demandes et de n'accorder aucun accusé de réception, il a négligé de faire connaître au ministre de la marine le contenu de cette requête du 12 mai, propre à désabuser quiconque n'avait pas juré notre perte.

faire Lacoste, transmise au ministre de la justice par le ministre de la marine, puis par le ministre de la justice à la Cour de cassation, le 1er décembre 1828.

M. le comte de Peyronnet, pour repousser la responsabilité de ces faits, a, dans trois lettres insérées dans la *Gazette de France* des 21, 23 et 24 février 1829, adressées à votre honorable collègue, M. Eusèbe Salverte, répété ce qu'il avait fait dire par l'*Étoile* le 4 juillet 1824, « qu'il n'avait pas retenu la *procédure*. » Sans doute, la procédure n'a jamais été dans ses mains; mais nous l'accusons d'avoir retenu le POURVOI lui-même.

S'il avait adressé ce pourvoi, comme il en était requis, à la Cour de cassation dans les 24 heures, cette Cour eût rendu, en mai 1824, l'arrêt d'apport de procédure qu'elle n'a pu rendre que le 27 janvier 1826, n'ayant été saisie du pourvoi, de l'aveu du comte de Peyronnet lui-même, que le 14 janvier.

Si le gouverneur de la Martinique avait négligé de transmettre cette procédure, M. le marquis de Clermont-Tonnerre a eu le tort grave de ne pas réclamer sur-le-champ ces pièces, conformément au réglement de 1755, puisqu'il était dès lors saisi de notre requête en cassation (9 mai 1824.)

Ce ministre a aggravé ses torts, en conservant et dissimulant l'existence dans ses mains de l'expédition officielle de l'arrêt de condamnation du 12 janvier 1824, légalisé dans ses bureaux le 14 mai, dont la Cour de cassation a ordonné l'apport le 27 janvier 1826.

Quant à M. le comte de Peyronnet, il allègue

pour sa justification qu'il a transmis à son collègue, le 14 mai, notre requête en pourvoi du 20 avril, à lui déposée le 10 mai. Mais le successeur de M. de Clermont-Tonnerre (M. le comte de Chabrol) a constaté, par des lettres officielles ci-jointes, sous les dates 24 février et 8 août 1826, que son département n'avait point reçu les requêtes des 10 et 12 mai, et qu'il avait renvoyé toutes les pièces communiquées à son département au ministre de la Justice le 16 juin. Il paraît que dans une lettre officielle du 22 juin, en réponse, M. le comte de Peyronnet allégua trois raisons, d'après lesquelles notre pourvoi n'était pas recevable. La Cour de cassation, qui connaît mieux les lois que ce ministre, en a décidé autrement.

Il nous suffit, à nous, de rappeller ce que notre défenseur lui disait dans sa lettre du 12 mai 1824, *qu'il n'était pas juge de la question.*

C'est sur la production faite au mois de mai 1824 dans les mains des ministres, que, par arrêt du 30 septembre 1826, la Cour de cassation nous a relevés de la déchéance que M. de Peyronnet a voulu, par la retenue de nos pièces, nous faire encourir.

M. de Peyronnet n'a cédé à nos instances, le 17 janvier 1826, qu'après avoir été menacé (le 27 décembre 1825) d'une dénonciation à la Chambre des pairs, et après avoir appris que la dénonciation (rapportée le 6 mai) allait être en effet déposée à cette Chambre, et que M. le comte de Portalis, président de la Chambre criminelle, pour faire cesser le déni de justice que nous éprouvions, avait décidé, le 14 janvier, de recevoir notre requête, et nous avait nommé un rapporteur (M. de Chantereyne).

Ces faits établis, il en résulte la preuve que nous avons été retenus, privés de notre liberté par le fait de MM. de Clermont Tonnerre et de Peyronnet, à compter du 10 mai 1824 jusqu'au mois de janvier 1826.

Que ces deux ministres, surtout le second, ont voulu nous *tuer moralement*, en nous mettant dans l'impossibilité de faire casser l'arrêt de condamnation, et de prouver notre innocence.

Qu'ils ont, autant qu'il était en eux, consommé notre ruine et celle de nos familles; nous sommes tous deux époux, et pères de plusieurs enfans.

Ils n'étaient pas nos juges; ils le savaient, et nos défenseurs le leur avaient rappelé par écrit.

Leur mission, d'après l'art. 424 du Code d'instruction criminelle, se bornait à transmettre les pièces qu'ils avaient reçues, et sans laquelle transmission la Cour de cassation n'était pas saisie dans les formes de droit.

L'article 1382 du Code civil porte que tout homme qui a causé par son fait un tort à un autre, est tenu de le réparer; et les articles subséquens accordent une action en responsabilité civile de tous délits et quasi-délits. En conséquence de ces dispositions, nous avons cru pouvoir obtenir des tribunaux civils une juste réparation, en commençant par M. le comte de Peyronnet.

Nous y étions même engagés par les opinions émises dans cette Chambre, le 26 avril 1828, lorsque, mal éclairée sur les faits par le rapporteur de sa commission (M. le vicomte de La Boulaye), elle passa à l'ordre du jour sur notre pétition du 25 janvier.

Pour écarter les exceptions que M. le comte de Peyronnet aurait pu tirer de sa qualité de pair, nous n'avons pris que des conclusions civiles, nous n'avons pas conclu même à l'exercice de la contrainte par corps.

Malgré cette précaution, les premiers juges ont voulu voir dans notre demande une action criminelle; et, par leur sentence du 17 juin 1828, ils ont décidé que cette action ne pouvait être que connexe à celle que les Chambres ont seules droit d'exercer envers la personne des ministres, comme remplaçant le Tribunat et la haute Cour. Ils nous ont d'ailleurs déclarés, *quant à présent*, non recevables, parce que nous n'étions pourvus d'aucune autorisation du conseil d'État.

Alors nous nous sommes adressés au roi. Sa Majesté, par une ordonnance du 13 août 1828, a déclaré, sur l'avis du conseil d'État, que cette autorisation n'était point nécessaire à l'égard des ministres, et nous a renvoyés devant qui de droit.

D'un autre côté, et comme la commission nommée par la Chambre pour lui faire un rapport sur l'accusation des ministres, avait déclaré le 22 juillet, à une simple majorité, qu'elle ne voyait pas de crime de concussion ni de trahison à poursuivre *par elle* et d'office, dans les faits qui étaient alors parvenus à sa connaissance, nous conçûmes l'espoir que la justice ordinaire accueillerait notre action.

La Cour royale, par son arrêt du 2 mars 1829, en a jugé autrement.

Elle a décidé que les tribunaux civils étaient radicalement incompétens pour connaître d'aucune action en responsabilité d'office dirigée contre un ministre.

Jusqu'à présent, au reste, ni le conseil d'État, ni les tribunaux n'ont nié l'existence de l'action dont nous nous prévalions envers le comte de Peyronnet, et dont le principe repose sur les dispositions du Code civil relatives aux délits et aux quasi-délits.

C'est le droit commun; nous avons droit d'en réclamer le bénéfice jusqu'à ce qu'on nous prouve que des lois spéciales y ont dérogé expressément.

L'article 13 de la loi du 16-24 août 1790, défend à la vérité aux juges de *citer devant eux les administrateurs pour raison de leurs fonctions*. Si cette disposition avait un sens absolu, il s'ensuivrait que tous les administrateurs seraient irresponsables, et pourraient commettre impunément toutes sortes de délits.

Or, c'est ce qu'on ne peut soutenir en présence des lois du temps et des lois postérieures.

L'assemblée qui a décrété la loi du 24 août a, par son Code pénal du 6 octobre 1791, établi des peines contre les administrateurs, en définissant les délits qu'ils peuvent commettre, et les ministres y sont compris.

Il en est de même dans le Code du 3 brumaire an 4.

Quant au Code pénal qui nous régit aujourd'hui, ses dispositions sont bien plus nombreuses et bien plus rigoureuses encore.

Que faut-il donc entendre par les termes dont s'est servie la loi encore subsistante du 24 août 1790? Il faut entendre la garantie accordée aux administrateurs de ne pouvoir être poursuivis devant les tribunaux, *sans autorisation préalable*. C'est, en effet, ainsi que l'a interprété le conseil d'État. (V. l'article de M. de Cormenin aux Questions de Droit administratif, v° *Mise en jugement.*)

L'article 13 de la loi de 1790 est venu se fondre, pour les fonctionnaires ordinaires, dans l'art. 75 de la loi du 13 décembre 1799 (constitution du 22 frimaire an 8), qui exige une autorisation préalable du conseil d'État, aujourd'hui du Gouvernement, et pour les *ministres* dans les lois successives des 27 avril 1791, art. 31, 10 vendémiaire an 4, art. 12 et 13, 22 frimaire an 8, art 73, sénatusconsulte du 28 floréal an 12, art. 101, et Charte constitutionnelle, art. 55 et 56.

Sous l'empire de la loi de 1791, aucun ministre en place ou hors de place n'a pu, pour fait de son administration, être traduit en justice, en matière criminelle, qu'après un décret du Corps législatif.

Tout ministre contre lequel il intervenait un décret du Corps législatif pouvait être poursuivi en dommages-intérêts par les citoyens qui *avaient donné lieu au décret.*

Sous l'empire de la loi de l'an 4, il fallait adresser la dénonciation au Directoire exécutif.

Sous la constitution de l'an 8, il fallait l'adresser au Tribunat. Par une autre disposition, cette loi enlève les ministres à la juridiction des tribunaux, et les renvoie à une haute Cour.

La haute Cour, créée par le sénatus-consulte de l'an 8, s'est trouvée abolie avec le gouvernement impérial.

Au Tribunat a été substituée, pour la mise en accusation, la Chambre des députés ; à la haute Cour a été substituée, pour le jugement, la Chambre des pairs.

Mais, dira-t-on, l'article 56 de la Charte porte que les ministres ne peuvent être accusés que pour faits de *trahison* et de *concussion*.

Oui, sans doute ; mais, pour la trahison et la concussion, la Charte n'a pas adopté la définition du Code pénal, puisque le même article 56 ajoute :

« Des lois particulières spécifieront cette nature de « délits, et en détermineront la poursuite. »

En effet, un acte qui, dans un particulier, est considéré comme un simple délit, est qualifié crime, s'il est commis par un fonctionnaire. Ainsi, le particulier qui livre à l'ennemi des plans de forteresses, est puni de la déportation, et le fonctionnaire est puni de mort.

Ainsi, le particulier qui livre ces plans aux étrangers, est puni correctionnellement, et le fonctionnaire est puni d'une peine afflictive et infâmante (art. 81 et 82).

Le particulier qui vend ou achète un suffrage, est puni correctionnellement; le fonctionnaire est puni du carcan (art. 111 et 113).

Le particulier qui détient un citoyen moins de dix jours, est puni correctionnellement (art. 343); le fonctionnaire est puni d'une peine infamante, la dégradation (art. 114).

« Hors les cas, dit l'article 198 du Code pénal, « où la loi règle spécialement les peines encourues « pour crimes ou délits commis par les fonctionnaires ou officiers publics, ceux d'entre eux qui « auront participé à d'autres crimes ou délits qu'ils « étaient chargés de surveiller ou de réprimer, se- « ront punis comme il suit ;

« S'il s'agit d'un délit de police correctionnelle, « ils subiront toujours le *maximum* de la peine at- « tachée à l'espèce de délit ;

« Et s'il s'agit de crimes emportant peine afflic-
« tive, ils seront condamnés... *à une peine supé-
« rieure.* »

Quand il s'agit d'un ministre, le danger est plus grand pour les citoyens, parce que la défense est plus difficile ; tout acte arbitraire devient alors un attentat à l'exercice des droits civiques et à la Charte. D'après la définition du Code pénal (art. 113), cet acte est puni du bannissement (art. 114). Les codes antérieurs le rangeaient aussi dans la classe des crimes (Code du 3 brumaire an IV, art. 625, 637, 639, et surtout 640 ; art. 20, 24 et 25, IIIe section, titre 1er, 2e partie de la loi de 1791).

Les faits dont nous rendons plainte devant la Chambre constitueraient, s'ils étaient reprochés à un fonctionnaire ordinaire,

1° Le fait de détournement de pièces : notre pourvoi, qui n'avait été remis dans les mains de M. le comte de Peyronnet que pour être transmis à la Cour de cassation, a été par lui transmis au ministre de la marine (art. 173, Code pénal).

2° Le fait de déni de justice, en refusant de faire droit à la requête du 12 mai et d'en accuser réception (art. 185, Code pénal).

3° L'usurpation de fonctions judiciaires, en décidant que notre pourvoi n'était pas recevable ; lettre du 22 juin 1824 (art. 131, Code pénal).

4° Le délit de s'être décidé par haine contre nous, hommes de couleur, pour avoir protesté contre le régime absolu dans lequel les ministres tiennent les colonies, et par *faveur* pour les magistrats et autorités qui maintenaient ce régime absolu par abus de la force (art. 103, Code pénal).

5° Enfin, l'attentat à notre liberté individuelle, à notre honneur et à notre vie, en prolongeant notre détention de vingt-et-un mois, et voulant nous faire descendre au bagne ; crime prévu par l'art 113 du Code pénal.

Tout abus d'autorité de la part d'un fonctionnaire qui n'est pas qualifié par les articles ci-dessus est d'ailleurs réputé forfaiture, et puni de la dégradation civique par l'art. 167 du Code pénal.

L'arrêt qui a condamné le chancelier Poyet, le 24 avril 1545, à la dégradation civique, à une amende de cent mille livres, et aux dommages-intérêts des parties lésées, est motivé pour *abus, fautes, malversations,* entreprises outre et par-dessus son pouvoir de chancelier, crimes et délits par lui commis, avec provision, aux veuve et héritiers de Lebailly et à la veuve de l'amiral Chabot. (Recueil des anciennes lois françaises, tome XII, p. 888-892.)

La loi promise par l'art. 56 de la Charte n'ayant pas été faite, il s'agit d'en rechercher l'esprit et ce qu'on doit entendre par le cas de trahison.

Dans le projet du 26 août 1814, pris en considération par la Chambre des députés, est qualifié trahison (art 4, n° 4) tout fait ou ordre d'un ministre constituant un acte arbitraire et attentatoire à la liberté individuelle.

Dans le projet du 27 janvier 1819, porté à la Chambre des députés le 28, le Gouvernement avait laissé à l'appréciation des Chambres la gravité des cas et des circonstances, et les peines.

Il en a été de même dans les projets de loi ou propositions ultérieures.

La commission qui, dans la session de 1828, a fait, le 21 juillet, son rapport à la Chambre, sur l'accusation du dernier ministère, ne s'est pas trouvée d'accord sur la qualification des faits reconnus constans, et relatifs à plusieurs habitans de la Martinique.

L'un des membres a dit : « Je considère les procédés de l'ancienne administration, ou du moins « des ministres sur lesquels pèse la responsabilité « des colonies, comme contraires aux lois et attentatoires à la liberté individuelle; et dans l'état de « notre législation, combiné avec les dispositions de « la Charte, je déclare les attentats à la liberté individuelle un fait de trahison.

« En effet, la législation encore en vigueur empêchant les ministres d'être poursuivis sans autorisation pour délits contre des individus (*Voir* le jugement du tribunal de première instance, dans « la cause des déportés de la Martinique, jugement « rendu sur les conclusions du ministère public), « si, d'un autre côté, ils ne pouvaient être accusés

« pour les mêmes délits par la Chambre, l'impunité « leur serait assurée.

« En Angleterre, les ministres sont justiciables « des tribunaux ordinaires, s'ils attentent aux droits « des individus. Aussi, en 1763, les ministres s'étant « permis des actes arbitraires contre M. Wilker, il « les traduisit avec leurs agens devant les tribunaux, « qui les condamnèrent à des amendes considérables. « Mais en France, les ministres prétendent que ni « eux ni leurs agens ne soient justiciables des tri- « bunaux qu'après l'obtention d'une autorisation, « qu'en réalité ils sont les maîtres de refuser; il s'en « suit que ce qui est en Angleterre un crime privé « dont les tribunaux s'emparent, devient en France « un crime public dont l'accusation est confiée à la « Chambre des députés, et le jugement à la Chambre « des pairs. Car il serait insensé de dire qu'il y a « des crimes que, d'une part, les individus ne peu- « vent poursuivre parce qu'ils n'y sont pas autorisés, « et que, d'une autre part, les Chambres ne pourraient « pas poursuivre non plus, parce qu'ils n'auraient pas « été désignés dans la Charte comme trahison. Cette « combinaison aboutirait pour ces crimes à un brevet « d'impunité, ce qu'on ne peut admettre. »

La Chambre doit considérer que si elle n'admettait pas cette opinion, il y aurait impunité pour les ministres, à l'égard de tous les délits qu'ils pourraient commettre dans l'exercice de leurs fonctions.

Vu l'éminence de ces fonctions et la difficulté

extrême d'échapper à l'exécution des ordres arbitraires qu'ils donnent, les faits prennent le caractère d'attentat envers les personnes, de trahison envers la loi du pays et envers la Charte qui nous protége tous.

Si, dans le seul intérêt public, et d'office, la Chambre avait décrété la mise en accusation, nous aurions eu droit d'intervenir dans la poursuite, pour y réclamer la réparation qui nous est due, puisque les tribunaux déclarent notre action inséparable de l'action publique, dont l'initiative est réservée à la Chambre des députés par la Charte.

Dans le procès du chancelier Poyet, cette intervention fut reçue en faveur de la veuve et des enfans de l'amiral Chabot, du comte de Neufchâtel, auxquels une provision fut même adjugée pour en poursuivre l'effet, par arrêt des 19 avril et 15 juin 1544. (Vol. manuscrit de la bibliothèque du roi, coté 247, f° 31, v° 432, et f° 66. La plainte fut d'abord jointe au procès par arrêts des 16 juin et 7 août 1544, et 20 avril 1545. *ibid.*)

Dans le célèbre plaidoyer de M. de Lally pour la réhabilitation du comte de Lally, son père, on cite une intervention admise en 1744 au parlement de Rennes, dans une procédure criminelle dirigée contre un juge qui avait voulu faire périr une malheureuse dont il connaissait l'innocence.

Si la Chambre ne poursuit pas d'office, notre action ne doit pas périr, alors qu'une loi formelle, qui n'a rien d'inconciliable avec la Charte (celle du 27 avril 1791), nous donne le droit de provoquer dans notre intérêt le décret d'accusation.

En conséquence, nous supplions la Chambre de nous donner acte de la plainte que nous faisons dans ses mains contre M. le comte de Peyronnet et contre M. le marquis de Clermont-Tonnerre, à raison des abus d'autorité et attentats envers nos personnes, notre honneur et notre vie, qui résultent des pièces ci-jointes.

Nous demandons humblement que la Chambre ordonne leur mise en accusation, après les avoir entendus dans leur justification,

Et qu'elle les renvoie devant la Cour des pairs, et nomme une commission pour y soutenir l'accusation lors de laquelle nous prendrons nos conclusions tendant à la réparation du tort qui nous a été causé.

A Paris, ce 16 mars 1829.

BISSETTE, FABIEN.

PRODUCTION.

1° Protestation, en forme de requête, contre l'arrêt du 12 janvier 1824, adressée à M. le comte de Peyronnet, datée en rade de Brest le 20 avril 1824.

2° Requête au ministre de la marine, signée de notre avocat (9 mai 1824).

3° Bulletin d'enregistrement à la date du 10 mai.

4° Requête au ministre de la justice, signée de notre avocat, 10 mai 1824.

5° Deuxième requête de notre avocat au même ministre, 12 mai.

6° Extrait du journal de la chancellerie l'Etoile, et du *Moniteur*, du 4 juillet 1824.

7° Réponse du *Constitutionnel*, 8 juillet 1824.

8° Lettre de notre défenseur à M. le comte de Peyronnet, 27 décembre 1825.

9° Accusé de réception de ce ministre, 17 janvier 1826.

10° Arrêt de la Cour de cassation, qui ordonne l'apport des pièces, 27 janvier 1826.

11° Lettre du ministre de la marine (M. de Chabrol), qui dément les faits allégués par M. le comte de Peyronnet, 24 février 1826.

12° Rapport de M. le comte Cornet à la Chambre des pairs, et discours de M. le duc de Broglie, 6 mai.

13° Lettre de M. le comte Cornet, du 19 mai 1826, attestant que les faits par lui exposés dans son rapport sont extraits d'un mémoire déposé à la Chambre des pairs par M. de Peyronnet.

14° Lettre du ministre de la marine, du 30 mai.

15° Lettre du même, du 7 juillet.

16° Lettre du même, du 8 août.

17° Lettre de M. le comte de Peyronnet, du 12 août.

18° Arrêt de la Cour de cassation, du 30 septembre.

19° Lettres du ministre de la marine et du secrétaire général de la justice, des 26 et 31 juillet 1827, relatives au mode de transmission des pièces, pratiqué alors *comme auparavant* pour les pourvois des colonies.

20° Jugement du tribunal de première instance, du 27 juin 1828, qui se déclare incompétent *quant à présent*.

21° Ordonnance du roi, du 13 août 1828, qui déclare que l'autorisation du Gouvernement n'est pas nécessaire pour la poursuite des ministres.

22° Copie certifiée de l'arrêt de la Cour royale de Paris, du 2 mars 1829, qui déclare les tribunaux incompétens.

www.ingramcontent.com/pod-product-compliance
Ingram Content Group UK Ltd.
Pitfield, Milton Keynes, MK11 3LW, UK
UKHW032036260826
14628UKWH00006B/2993

9 782014 097825